LOS DERECHOS
EN LA TRADICIÓN LIBERAL

JUDITH N. SHKLAR

LOS DERECHOS EN LA TRADICIÓN LIBERAL

Prólogo de
Edward Hall y Matt Sleat

Traducción de
Roberto Ramos Fontecoba

PÁGINA INDÓMITA

Título original:
Rights in the Liberal Tradition

Diseño de cubierta y composición: Ángel Uzkiano
Impresión y encuadernación: Romanyà Valls
Primera edición: febrero de 2024

ISBN: 978-84-126489-8-0
Depósito legal: C-1907-2023

ÍNDICE

NOTA A LA PRESENTE EDICIÓN

El ensayo de Judith N. Shklar incluido en el presente volumen proviene de una conferencia pronunciada por la autora en enero de 1991 y publicada originalmente en la revista *Colorado College Studies,* n.º 28 (1992), pp. 26-39. Con posterioridad, fue reimpresa en *Political Studies,* Vol. 71, n.º 2 (2023), pp. 279-294, con el prólogo de Edward Hall y Matt Sleat que aquí incluimos.

Agradecemos a Timothy Fuller, editor de *Colorado College Studies* y profesor de Ciencia Política del Colorado College, el permiso para llevar a cabo la presente edición.

Las notas al pie en el texto de Shklar son del traductor y editor español.

PRÓLOGO

El presente ensayo tiene su origen en la invitación que el Colorado College hizo a Judith N. Shklar para pronunciar la Conferencia en Memoria de Abbott el 23 de enero de 1991, una conferencia financiada que se impartía (y se sigue impartiendo) anualmente en el campo de las ciencias sociales.[1] Dado que el evento coincidía con el bicentenario de la Carta de Derechos

1. El evento rinde homenaje a W. Lewis Abbott, quien fue profesor de Administración de Empresas y Banca y después de Economía en el Colorado College, institución a la que estuvo ligado durante 29 años, hasta su muerte en 1949. En 1974, el encargado de pronunciar la conferencia en su memoria fue Michael Oakeshott. Su exposición, «A Place of Liberal Learning» (de la que hemos obtenido esta información sobre Abbott), terminó convirtiéndose en el ensayo principal de su libro *The Voice of Liberal Learning,* publicado 15 años después. Agradecemos a Timothy Fuller, editor de *Colorado College Studies,* que nos haya brindado algunos antecedentes de esta publicación y de la

de los Estados Unidos, el Colorado College decidió organizar un congreso sobre ella, del que formó parte la exposición de Shklar. Ello explica no solo el enfoque general de este escrito de la autora —qué papel desempeñan los derechos en las diversas tradiciones liberales—, sino también la mayor atención que ella presta aquí a lo que llama el «liberalismo de los derechos», el cual, a su juicio, resulta crucial en la cultura política estadounidense. El ensayo se publicó en *Colorado College Studies* al año siguiente, pero esta publicación solo se distribuyó en las bibliotecas universitarias de los Estados Unidos, como parte de un plan de intercambio. No ha sido incluido en ninguna de las antologías póstumas de Shklar publicadas por University of Chicago Press —*Political Thought and Political Thinkers* y *Redeeming American Political Thought*—.[2] Tampoco se lo menciona en la bibliografía de Shklar contenida en la colección de escritos sobre ella que lleva por título *Liberalism without*

---

serie de conferencias, y que nos haya permitido volver a publicar el ensayo de Shklar en *Political Studies*.

2. Judith N. Shklar, *Political Thought & Political Thinkers*, ed. S. Hoffman, University of Chicago Press, Chicago, 1998; *Redeeming American Political Thought*, ed. S. Hoffmann y D. Thompson, University of Chicago Press, Chicago, 1998.

Illusions.[3] Además, nunca ha estado disponible en formato digital para su consulta en línea. Por todo ello, se lo ha pasado en gran medida por alto y, dado que el interés en el trabajo de Shklar ha aumentado notablemente durante la última década, consideramos que vale la pena volver a presentar este texto a un público más amplio.

«Los derechos en la tradición liberal» muestra muchas de las virtudes de los mejores ensayos de Shklar. En él, se trata de una manera clara y cautivadora un tema de capital importancia para el estudio de la política, y asoma en todo momento la erudición de la autora. Shklar nos ofrece un examen detallado de las diferentes tradiciones liberales, aborda el papel de los derechos en la cultura política estadounidense y, finalmente, resalta y analiza tres críticas que, dentro de la propia tradición liberal, se les suelen hacer a quienes ponen el énfasis en la teoría y la práctica de los derechos. Veamos brevemente cada uno de estos puntos.

3. B. Yack (ed.), *Liberalism without Illusions: Essays on Liberal Theory and the Political Vision of Judith N. Shklar,* University of Chicago Press, Chicago, 1996. Bernard Yack nos ha confirmado que, efectivamente, desconocía la existencia de esta conferencia cuando preparó la mencionada bibliografía.

La descripción de las diferentes corrientes del liberalismo ofrecida en «Los derechos en la tradición liberal» es más detallada que la que encontramos en el ensayo más famoso de la autora, «El liberalismo del miedo». Por lo tanto, estamos ante una lectura esencial para quienquiera que se interese en cómo entiende Shklar el liberalismo, una lectura que, en varios aspectos, resulta además intrigante. Todos los lectores del mencionado ensayo, «El liberalismo del miedo», recordarán la distinción tripartita establecida por la autora, quien nos habla del liberalismo del desarrollo personal, el liberalismo de los derechos naturales y el liberalismo del miedo. Aquí, en esta conferencia pronunciada unos años después, Shklar ofrece en cambio una explicación cuádruple de la tradición liberal, al tiempo que reformula sutilmente parte del encuadre original del célebre ensayo. Como cabría esperar, dado el contexto de esta conferencia, Shklar dirige la mayor parte de su atención a lo que aquí llama el liberalismo de los derechos (en lugar del «liberalismo de los derechos naturales»), centrándose en cómo este ha dominado el pensamiento político estadounidense. Sin embargo, la autora comienza analizando el liberalismo del autodesarrollo individual (en lugar del previamente llamado «liberalismo del desarrollo personal»), y a continuación nos presenta una corriente de pensamiento liberal que el ensayo anterior no aborda, al que ella llama aquí liberalismo de la seguridad jurídica. Esta tradición del pensamiento liberal, afirma Shklar, contempla la libertad «como la garantía de que todos vivimos bajo el gobierno de leyes generales claras y conocidas, que son aplicadas de manera imparcial y justa en todos los casos por servidores públicos incorruptibles». Así pues, los defensores del liberalismo de la seguridad jurídica hacen énfasis en los beneficios del Estado de derecho o gobierno de la ley, y consideran que la libertad consiste en la certeza de que uno puede actuar con seguridad como elija, dentro de la esfera que la ley le asigna a su propia discreción. Se trata de un enfoque liberal profundamente entrelazado con los ideales de la legalidad, y que además enfatiza los derechos a la propiedad privada y la libertad de la actividad económica. Quienes hayan estudiado previamente los escritos de Shklar encontrarán esta discusión de gran interés, dada la forma en que complementa los análisis que la autora hace del liberalismo conservador y de los excesos y las limitaciones del legalismo, y dada la larga relación crítica que Shklar mantiene con el trabajo de F. A. Hayek.[4]

4. Sobre ese aspecto de su trabajo, véanse: *After Utopia: The Decline of Political Faith,* Princeton University Press, Prin-

La autora aborda a continuación el liberalismo
del miedo y subraya que este, aunque también venera
el gobierno de la ley, es mucho más exigente en términos políticos que el liberalismo de la seguridad jurídica. Esta discusión interesará en gran medida a
quienes conocen el trabajo de Shklar principalmente
por el respaldo que la pensadora ofrece al mencionado liberalismo del miedo. Probablemente muchos
lectores se sorprendan un poco al comprobar que, según la descripción aquí ofrecida por la autora, el liberalismo del miedo dista de ser un liberalismo mi-
nimalista y austero; esto es, tiene poco que ver con la
imagen que de él se hacen a menudo tanto los críticos
de Shklar como también algunos de quienes se consideran sus admiradores. Ella es clara al respecto: si
bien el liberalismo del miedo antepone el rechazo del

---

ceton (Nueva Jersey), 2020; *Legalism: Law, Morals and Political
Trails,* Harvard University Press, Harvard (Massachusetts),
1986; «Political Theory and the Rule of Law», *Political Thought
& Political Thinkers, op. cit.,* pp. 27-37; *The Faces of Injustice,*
Yale University Press, New Haven (Connecticut), 1990. Para una
discusión de cómo se relacionan estas cuestiones en el pensamiento de Shklar, véase E. Hall, «Ideological Self-Conscious-
ness: Judith Shklar on Legalism, Liberalism, and the Purposes
of Political Theory», *Social Philosophy and Policy,* 2023.

tipo de «crueldad sistemática, sostenida y organizada» que generan los gobiernos, lo cierto es que no
termina ahí, pues busca también impedir todas las
causas del «miedo evitable». Esto, señala Shklar, implica que los liberales del miedo deberían favorecer
la reducción de todas las formas de desigualdad social, ejemplificar un cierto tipo de *ethos* democrático,
practicar la tolerancia basada en principios y centrar-
se en garantizar las condiciones de la libertad para todos. En relación con este último punto, la autora explica por qué el liberalismo del miedo difiere de lo
que Isaiah Berlin llama libertad negativa: insiste en
que hallarse libre del miedo psicológico y físico no
debe confundirse con no verse obstaculizado por los
demás. Según Shklar, el tipo de libertad que se halla
en el corazón del liberalismo del miedo constituye
una manera más exigente y políticamente responsable
de pensar cómo se puede lograr y proteger una igual
libertad para todos.[5] Esta discusión resultará de gran

5. Shklar aborda muchas de estas cuestiones con mayor
profundidad en los ensayos «Conscience and Liberty», en *On
Political Obligation,* ed. S. Ashenden y A. Hess, Yale University
Press, New Haven (Connecticut), 2019, pp. 1-15, y «Positive
Liberty, Negative Liberty in the United States», en *Redeeming
American Political Thought, op. cit.,* pp. 111-126.

interés no solo para los estudiosos de la obra de la autora, sino también para todos los teóricos políticos contemporáneos interesados en las concepciones liberales de libertad.

En el resto de la conferencia, Shklar aborda el papel que los derechos han desempeñado en la tradición política estadounidense; dirige su atención a muchos de los personajes (Jefferson, Madison, Lincoln, Locke, Thoreau) y los temas (esclavitud, revolución, religión) que explora más a fondo en los ensayos recopilados en *Redeeming American Political Thought* y en *Ciudadanía americana. La búsqueda de la inclusión.* Curiosamente, con la sola lectura de este ensayo uno no sabría si la propia Shklar se identificaba más estrechamente con el liberalismo del miedo o con el liberalismo de los derechos. Ello complica la impresión que uno probablemente tendrá del pensamiento de la autora si solo ha leído «El liberalismo del miedo». De hecho, esta conferencia se puede leer provechosamente como si Shklar desarrollase una observación que había hecho en *Los vicios ordinarios* y que a menudo pasa desapercibida: una política liberal que hace énfasis en los derechos es, en muchos aspectos, «totalmente compatible con una que antepone la crueldad», aunque los liberales del miedo deben abstenerse de anclar los derechos en discutibles supuestos metafísicos o teológicos.[6]

En la conclusión, Shklar aborda con sobriedad tres críticas que pueden hacérsele al liberalismo de los derechos desde la propia tradición liberal. De manera característica, la autora considera que no hay respuestas fáciles. De hecho, en respuesta a la crítica de que un énfasis en los derechos puede conducir a una peligrosa expansión del poder estatal, Shklar señala con franqueza que sigue constituyendo una cuestión abierta «si un gobierno lo suficientemente fuerte como para proteger los derechos humanos es demasiado aterrador y potencialmente arbitrario». La autora cree que podemos tener cierta confianza en la idea de que «los agentes públicos cuya única función es proteger los derechos de los ciudadanos no se verán tentados de abusar de sus legítimos poderes, para crear con tal abuso un régimen iliberal», pero remarca que tal idea, «por desgracia, no es más que una esperanza». Aquí, la humildad ideológica de Shklar, su realista apreciación de las dificultades y paradojas de la política liberal, resulta alentadoramente sincera, veraz y madura.

6. J. N. Shklar, *Ordinary Vices*, Harvard University Press, Harvard (Massachusetts), 1984, p. 237.

En la introducción de la última monografía que escribió, *Ciudadanía americana,* la autora observa que la teoría política no puede limitarse a operar en un «espacio social estático y vacío», esto es, en el terreno del análisis filosófico abstracto, conceptual; entre otras razones porque, a menudo, las empresas de ese tipo simplemente terminan expresando el malestar que al autor le produce una sociedad que él «no se ha esforzado mucho en comprender». Shklar insiste en que si los teóricos políticos queremos reflexionar de manera productiva sobre los dilemas políticos actuales, debemos prestar mucha atención a «la historia y las presentes realidades de nuestras instituciones».[7] Nuestra esperanza es que esta reedición de la conferencia de Shklar sobre el papel de los derechos en la tradición liberal pueda servir como ejemplo de lo que implica tal teorización, y como una excelente ilustración de lo que la teoría política puede lograr cuando se practica adecuadamente.

EDWARD HALL y MATT SLEAT
Universidad de Sheffield

---

7. *Id., American Citizenship: The Quest for Inclusion,* Harvard University Press, Harvard (Massachusetts), 2001, p. 9.

LOS DERECHOS
EN LA TRADICIÓN LIBERAL

Cuando el profesor Fuller me propuso que hablara sobre «los derechos en la tradición liberal», agradecí de inmediato que *no* me pidiese que pronunciara una conferencia sobre el «liberalismo». Dicho liberalismo es a menudo tan solo una etiqueta, mientras que la expresión tradición liberal invita a una discusión, no a una mera consulta al diccionario. Porque la tradición liberal contiene muchas tradiciones de pensamiento. Además, estas no son en modo alguno idénticas en la forma en que tratan la noción de los derechos. Solo hay una creencia que confiere a la mentalidad liberal una continuidad característica: la convicción de que la dignidad humana exige libertad personal de pensamiento y acción. Con este hilo conductor, me gustaría aquí llevar a cabo una empresa de recuperación de un legado, y en el proceso espero poder decir algo útil sobre los muchos tipos de tradición liberal e incluso sobre los derechos.

Permítanme que comience recordando uno de los usos más antiguos de la palabra «liberal», uno que no tiene en absoluto relación directa con la política. Desde la Antigüedad clásica, la liberalidad ha sido admirada como una especie de generosidad, una disposición a compartir los bienes y el tiempo de uno con los demás. Dar de manera generosa y abierta es una parte esencial del buen carácter, y quienquiera que intente perfeccionar su personalidad cultivará esta virtud. Por desgracia, ello no está al alcance de todos nosotros, como ya Aristóteles señaló, porque es necesario tener una cierta cantidad de bienes mundanos para poder ser liberal. Y esta limitación ciertamente contribuyó a desacreditar la liberalidad como virtud humana. Es más, tal virtud fue finalmente reemplazada por algo completamente distinto: la caridad cristiana. Más tarde, los liberales que asociaban la libertad con la cuna y la riqueza terminaron desdeñando dicha liberalidad como una mera forma de alarde de clase. Montesquieu, por ejemplo, no la apreciaba mucho, pues la consideraba una mera forma de orgullo y honor autogratificante. Menciono esto porque la liberalidad está orientada hacia uno mismo; es parte de la ética del perfeccionamiento propio. No es una respuesta a las necesidades o reivindicaciones de otras personas. Los deseos y las exigencias de esas otras personas, por no hablar de sus derechos, carecen aquí de importancia. Solo cuenta la propia personalidad. Sin embargo, aunque la liberalidad no aporte nada a la libertad *política,* no creo que podamos expulsarla por completo de la tradición liberal. La generosidad implica desde luego el aprecio a la libertad. Las personas liberales consideran que deben ser libres de desarrollar su carácter generoso, y que no han de verse limitadas a la hora de decidir cómo distribuir los frutos de tal generosidad.

La libertad también desempeña su papel en otro uso antiguo y no directamente político de la palabra *liberal,* un uso que describe cierto tipo de educación. La educación liberal nunca ha sido estática. Ha cambiado de manera considerable a lo largo del tiempo, desde las materias fijas de las universidades medievales hasta la educación clásica y retórica del Renacimiento y los planes de estudio de los institutos y otras instituciones de aprendizaje de los dos últimos siglos. La esencia de todas estas formas de educar a los jóvenes liberales era la suposición de que con ello se los liberaba, y no solo de la ignorancia, sino también de esa estrechez de espíritu que nos aqueja cuando no aprendemos a comprender el lenguaje, las sensibilidades y los pensamientos de los pueblos que no se parecen a nosotros porque están alejados en el tiempo, el espacio y las maneras —tal como los antiguos griegos están, en todos los sentidos, alejados de los europeos modernos—. La curiosidad y la empatía intelectual son caminos hacia la liberación tanto para los jóvenes como para los adultos. Uno debe ser libre de cambiar. De lo contrario, no tiene sentido leer algo tan completamente distante en todos los aspectos imaginables como la *República* de Platón, ni entrenar la mente para captar los elementos de la astronomía. La ciencia y la abstracción son formas de alzar el vuelo y alejarse de lo obvio.

La educación siempre ha desempeñado un papel importante en la tradición política liberal, porque conlleva la promesa de la libertad universal. En principio, una persona con una educación liberal puede comprender las experiencias de toda la humanidad. Además, las artes liberales se consideran un tesoro valioso para todo el mundo, disponible para todos aquellos que pueden y quieren aprender. Sin embargo, sería completamente falso decir que, en la idea de la educación liberal, estaba implícito el derecho universal a la educación. Originalmente, se daba por sentado que solo las clases ociosas podían esperar el acceso a ella. Esto, como la liberalidad, también es libertad sin derechos. Pero el vínculo entre la tradición liberal y la educación es genuino, porque la ignorancia, en sus efectos, es una prisión.

Menciono la liberalidad y la educación liberal para señalar que hay muchas concepciones de la libertad que no son directamente políticas. No creo que la libertad política sea en absoluto el único tipo de libertad que importa, pero bien puede ser que se haya convertido en la condición esencial para todas las demás libertades. Por eso la libertad política constituye lo que de manera habitual y sistemática tenemos en mente cuando hablamos de la tradición liberal. Lo que los usos no políticos de la palabra *liberal* deberían recordarnos es que, incluso en la política, la personalidad y la mentalidad conforman una parte importante de nuestra concepción de la libertad.

Cuando dirigimos efectivamente nuestra atención hacia la política liberal, nos topamos de inmediato con la rica diversidad de una tradición de muchas tradiciones. Difícilmente puedo ofrecer aquí un lista completa de todos ellas, por lo que me limitaré a solo cuatro tipos, todos aún vivos y, a mi juicio, en desarrollo, cada uno con su propia visión de los derechos. Permítanme enumerarlos: tenemos primero el liberalismo del autodesarrollo individual, después el liberalismo de la seguridad jurídica, en tercer lugar lo que llamaré el liberalismo del miedo y, por último, y para nosotros hoy aquí el más importante de todos, el liberalismo de los derechos. Empleo la palabra *liberalismo* en un sentido amplio, en referencia a las doctrinas políticas que confieren un enorme valor a que cada persona, en la conducción de su vida, tenga la mayor libertad personal posible que sea compatible con la idéntica libertad de cualquier otra persona adulta. En el caso del liberalismo de los derechos, ese es el principio político supremo. Y aquí he añadido de manera deliberada el sufijo *-ismo* a la palabra liberal para indicar que ahora, en efecto, vamos a dirigir nuestra atención a las creencias políticas operativas.

Comenzaré por el liberalismo del desarrollo personal, no porque sea el primero en el orden cronológico, sino porque es el menos político y también el más cercano a los tipos de liberalidad que acabo de mencionar. El argumento para dar a todas las personas el mayor margen posible en el terreno de la expresión de la propia personalidad y de lo que ahora se llama estilo de vida es que, de lo contrario, uno no podrá desarrollar todas sus potencialidades. Además, la principal amenaza a nuestro desarrollo personal no es simplemente la opresión política gubernamental, sino la presión para ajustarnos a las convenciones y creencias de nuestra sociedad, a la que a menudo nos referimos como «las masas». La sociedad tiende a imponer una uniformidad gris: se ve aplastado el genio de los individuos originales y creativos, quienes sufren la persecución, el escarnio y el rechazo y nunca desarrollan sus talentos innatos. Además, la actividad intelectual en general requiere de una perfecta libertad de argumentación para que la verdad pueda finalmente triunfar. Como mínimo, todos tendremos mejores razones para albergar nuestras opiniones si nos vemos obligados a responder a las objeciones a ellas, mejores razones que las que tendríamos si no nos viésemos cuestionados por oponentes directos. Esta es la perspectiva que asociamos acertadamente con John Stuart Mill. Él consideraba que la libertad política tenía claros beneficios sociales; no en vano, depositaba sus esperanzas de progreso social e intelectual en la autoafirmación creativa. Todos ganamos con las decisiones tomadas después de una deliberación abierta y vigorosa, y con un clima social que resulte acogedor para los individuos inventivos y audaces.

Pero no son los beneficios sociales de la libertad los que confieren al liberalismo del desarrollo personal su verdadera cualidad apremiante. En el núcleo de este liberalismo se halla la concepción de la individualidad como el mayor bien humano. Esto no debe confundirse con el individualismo, que generalmente implica tan solo una preferencia por la independencia personal en la conducción de la vida. La individualidad significa algo más. Da el máximo valor a la creación de una personalidad única, una que no solo se corresponda con las tendencias innatas de la persona, sino que además sea completamente distinta de todas las demás personalidades. Solo la formación de un yo único hace que valga la pena vivir la vida, y el mejor yo es un genio creativo. Pero todas las personas pueden tener algunos poderes de la imaginación creativa, y cada una puede diseñar una vida que sea la expresión de una personalidad totalmente inconmensurable y que se ha creado a sí misma. Y, para este proyecto, la presión de la sociedad, ciertamente de la sociedad de clase media y quizá de la democracia, representa una seria amenaza. Así, Mill pensaba que tal proyecto se veía aplastado por la civilización moderna de clase media y por los restos del protestantismo. A su amigo Alexis de Tocqueville le preocupaban más la democracia y el gobierno de la mayoría. Pero no todos los filósofos de la individualidad se mostraban tan inquietos. Emerson, en su ensayo más célebre, *Confianza en uno mismo,* llamó democráticamente a todos y cada uno a desarrollar tal cosa, la confianza en uno mismo, y a actuar según los impulsos del propio corazón.

Este tipo de liberalismo es claramente deudor de la literatura romántica y su sensibilidad. Y si bien no es hostil a los derechos, no está muy interesado en ellos. Los derechos presuponen normas compartidas, en cuyos términos todos planteamos nuestras exigencias a los demás, y las normas tienden a ser inhibidoras y generalizadoras. Por lo tanto, el romanticismo es propenso a desconfiar enormemente de tales normas, ya sean legales o convencionales. Todas amenazan la unicidad y los impulsos expresivos del individuo. Las convenciones imponen la mediocridad y una aceptación irreflexiva de lo dado, mientras que las leyes son la voluntad de la mayoría. Cuando Tocqueville habló de la tiranía de la mayoría, sobre todo en el segundo volumen de *La democracia en América,* tenía en mente esta lenta destrucción de la individualidad. La libertad significaba liberarse del peso muerto de las opiniones de la masa, del rebaño educado.

La libertad romántica no es contemplada como un conjunto de derechos, sino como una búsqueda de la creatividad. Al igual que la liberalidad por la que he comenzado, es un ideal de perfeccionamiento propio, pero es también una teoría política, porque considera que la individualidad se halla inmersa en un perpetuo conflicto con las normas y regulaciones de la sociedad, y evalúa las instituciones políticas y sociales en estos términos. De todos los miembros de la tradición liberal, este es el más preocupado por trazar una línea firme entre el ámbito de lo privado y el de lo público. Por decirlo con Thoreau, la *res publica* no es especialmente importante y debe mantenérsela alejada de la *res privata*. Esta última ha de ser lo más amplia posible, mientras que aquella se reduce a la insignificancia. El liberalismo de la individualidad sueña con el triunfo de nuestras aspiraciones más puramente personales.

La siguiente tradición que quiero presentarles es el liberalismo de la seguridad jurídica, o del «gobierno de la ley», como a menudo se le llama.

Aquí, la libertad es contemplada como la garantía de que todos vivimos bajo el gobierno de leyes generales claras y conocidas, que son aplicadas de manera imparcial y justa en todos los casos por servidores públicos incorruptibles. Nadie puede ser acusado de un delito a menos que exista una ley que prohíba un determinado acto en el momento en el que se produce, y nadie puede ser castigado a menos que se demuestre más allá de toda duda que efectivamente cometió el acto prohibido. No hay delito si no hay una ley al respecto, ni debe haber castigo si no hay delito. Y eso no es todo. Las leyes deben adaptarse al temperamento y las necesidades de un pueblo, y darle todas las oportunidades de expresar sus preferencias y sus intereses, de modo que las reglas bajo las cuales ese pueblo vive se adapten a él y sean lo más conducentes posible al mayor bien del mayor número de personas —entendido dicho bien tal como el pueblo lo percibe—. Ello puede requerir de un régimen democrático, como lo hace en la versión que Jeremy Bentham nos ofrece de esta perspectiva, pero ciertamente no siempre se considera que la democracia sea necesaria para el gobierno de la ley. Lo esencial es un gobierno constitucional, un gobierno limitado por reglas estrictas en la conducción de sus asuntos, y que debe responder ante los tribunales ordinarios por cualquier infracción de la ley.

Para el individuo, la libertad se halla en la seguridad. De hecho, libertad y seguridad se vuelven más o menos idénticas. La libertad es la certeza de que uno puede actuar con seguridad como elija, dentro de la esfera que la ley le asigna a su propia discreción, y de que el gobierno es predecible en su forma de tratar a todos los ciudadanos. Uno puede planificar su vida libremente y dentro de un amplio marco de reglas generales. Es este un liberalismo que se define por su oposición no al gobierno como tal, sino a los Estados absolutistas y arbitrarios, que son a la vez propensos a la guerra y la ilegalidad. Si el liberalismo del desarrollo individual le debe mucho a la poesía, este liberalismo de la equidad es evidentemente inseparable de los ideales de la legalidad.

Cierto es, claro está, que este tipo de liberalismo del «gobierno de la ley» ha parecido a menudo muy hostil a la idea de los derechos. ¿Cómo olvidar que Jeremy Bentham se mofaba de tales derechos llamándolos «disparates subidos en unos zancos», y su afirmación de que se supone que el gobierno debe enseñarnos nuestros deberes, no promover nuestros derechos? En realidad, lo que el pensador británico quería decir no era tan terrible como parece. Él se oponía a la noción de los derechos naturales y presociales, la cual, a su juicio, fomentaba el crimen y la anarquía, pero no cabe duda de que la noción de la seguridad personal como el bien social supremo lleva incorporada su propia noción de los derechos. La protección jurídica que da a cada persona una sensación plena de seguridad en el disfrute de su propiedad y de sus actividades pacíficas implica que dicha persona tiene toda una gama de expectativas legales y derechos gracias a la ley. Seguridad significa aquí todo tipo de garantías de un juicio justo tanto en los casos civiles como en los penales, y también en las demandas que los ciudadanos puedan presentar contra los funcionarios que hayan sobrepasado los límites de la ley. Debemos recordar siempre que la mayoría de las diez enmiendas que componen nuestra Carta de Derechos[1] versan sobre los procedimientos judiciales justos. Así pues, el liberalismo de la seguridad jurídica no es, en realidad, indiferente a los derechos, sino que más bien los considera instrumentos, medios para lograr un mayor bien social y personal; esto es, medios para lograr la seguridad y la paz, y la prosperidad que ello conlleva.

Hay un conjunto de derechos que el liberalismo del «gobierno de la ley» valora particularmente como la principal creación del derecho positivo: el derecho a la propiedad y, con él, la libertad de la actividad económica bajo el seguro paraguas de un Estado res-

1. Las primeras diez enmiendas de la Constitución de los Estados Unidos, aprobadas en diciembre de 1791. *(N. del T., como todas las que siguen.)*

petuoso con la ley. No pretendo afirmar que esta sea la única forma de liberalismo que contempla la libertad de mercado como un bien público fundamental, pero, para trazar un mapa claro de la tradición liberal, sí quiero enfatizar la primacía que los liberales del «gobierno de la ley» asignan al derecho a la propiedad privada y a la libertad económica, cosas ambas que dependen de manera crucial de la seguridad jurídica.

Esta es ciertamente una forma genuina de liberalismo, y sus defensores contemplan la libertad personal como uno de los principales bienes que pueden obtenerse con un gobierno sujeto a límites legales y con el Estado de derecho. Sin embargo, el origen y la justificación de los derechos no son de vital importancia para los partidarios del «gobierno de la ley»: lo que realmente cuenta es la seguridad, la prosperidad y la libertad de pensamiento y acción creadas por un sistema jurídico liberal. La seguridad y la libertad simplemente se consideran inseparables, mientras que los derechos son instrumentos legales diseñados para brindarnos ambas cosas. Ahí radica, además, el enorme atractivo que esta forma de liberalismo tiene para quienes han padecido regímenes autocráticos, totalitarios o anárquicos.

Esta idea nos lleva a una tercera corriente dentro de la tradición liberal: el liberalismo del miedo. Básicamente, este tipo de liberalismo teme al miedo en sí, y es muy antiguo. Aparece por primera vez en medio de la violencia de las guerras de religión en la temprana Europa moderna, y jamás ha perdido su relevancia desde entonces. En nuestro terrible siglo, ha terminado contemplando las desigualdades en el poder militar como la principal causa de amenazas a la vida y la integridad física; por eso considera que los gobiernos modernos son la principal fuente del gran mal político de la época: la crueldad sistemática, sostenida y organizada. Ello no implica la indiferencia hacia las estructuras de poder no gubernamentales y hacia los estragos que pueden causar y causan; pero hoy el liberalismo del miedo pone el foco en los gobiernos militarizados, y en las formas en que pueden ser controlados en aras de la libertad frente al miedo.

Quienes a lo largo de la historia han considerado la crueldad humana como nuestro mayor vicio y han temido al miedo no han sido todos liberales. En la Francia del siglo XVI, los estadistas y escritores llamados *«les politiques»* estaban interesados principalmente en establecer una monarquía fuerte para poner fin a la carnicería de las guerras civiles, y para hacer que

39

la política quedase al margen de las pasiones religiosas. No consideraban la tolerancia religiosa como una actitud inherentemente valiosa, sino que solo buscaban el fin de los asesinatos de inspiración religiosa, el tipo de horrores que vemos hoy en el Líbano e Irlanda del Norte. Pero el liberalismo del miedo tiene actualmente expectativas más elevadas que esta respuesta consistente en la «paz a cualquier precio». Sus miras son más altas. No busca tan solo eliminar el terror, sino también limitar todas las fuentes del miedo evitable, y lo hace con el objetivo de mejorar la libertad personal de todos. Su esperanza es crear una sociedad donde todas las personas puedan vivir sin esperar la intimidación por parte de agentes públicos o privados. Así pues, el liberalismo del miedo se inclina a abogar por la disminución de todas las formas de desigualdad social. No contempla en absoluto un estado de igualdad, sino que simplemente busca limitar las desigualdades que hacen que el poder de la amenaza efectiva se concentre en unas pocas manos. Cualquier concentración de poder social que exponga a la gente al temor de verse privada de empleo, salud y educación resulta inaceptable. Se trata de un liberalismo que, más que igualitario, es contrario al monopolio del poder; y, de hecho, ese ha sido su carácter durante muchos siglos.

El miedo al poder físico socialmente organizado, contemplado como algo inevitable, ha ganado mucha fuerza desde la Primera Guerra Mundial. Hasta 1914 se creía en general que la tortura había sido eliminada como práctica pública en Europa y América del Norte. Pero las exigencias de la inteligencia militar y de la lealtad durante esa guerra hicieron que tal práctica regresara incluso a las naciones llamadas civilizadas. Además, los grandes avances tecnológicos en los instrumentos de tortura contribuyeron a su regreso y su posterior difusión. El resultado es que todos los días se tortura a alguien en el mundo, y no parece probable que Amnistía Internacional se quede pronto sin ocupación.

La lucha contra el terror público no es lo único que ha conferido al liberalismo del miedo su perpetua relevancia. Este surge también como protesta contra las pasiones de la era de la ideología. Su texto clásico bien puede ser la *Carta sobre la tolerancia,* de John Locke, con su argumento consistente en que la fe y las asociaciones religiosas son experiencias y empresas voluntarias y privadas, de modo que la fuerza no debe desempeñar ningún papel a la hora de estimular la fe o la lealtad a las doctrinas. Porque no hay nada como la completa convicción característica del fervor ideológico para alentar la voluntad de persuadir con la espada y convertir mediante el exterminio. Así, lo que la religión comenzó lo ha continuado la ideología en el curso de su carrera asesina desde el siglo XIX, revelando cuán tenue era en Europa la fachada de civilizada moderación.

Para el liberalismo del miedo, por lo tanto, la tolerancia de los puntos de vista divergentes no es tan solo una mera forma de mantener la paz o de fomentar el desarrollo personal preconizado por el romanticismo. La tolerancia y la moderación son contempladas como *las* virtudes liberales y como rasgos humanos intrínsecamente admirables, que exigen un enorme autocontrol. Porque no es fácil aceptar la idea de que solo en las circunstancias más extraordinarias puede uno imponer su perspectiva y su voluntad a otras personas adultas. Los derechos, para esta corriente, funcionan más como restricciones que como reivindicaciones, pero son importantes. Los define el deber de abstenerse de aquellos tipos de conducta que resultan amenazantes y que tienden a legitimar la propagación del miedo. Son señales de *stop* legales y políticas que nos dicen que traspasar cierto límite en las discusiones, los gestos, las prohibiciones y la intimidación equivale a despertar un miedo injustificable.

El peor resultado de ello es siempre que imponer miedo sea contemplado como algo socialmente respetable. La libertad, para el liberalismo del miedo, no consiste simplemente en no verse obstruido, sino en estar libre del miedo psicológico o físico.

El liberalismo del miedo va así más allá de la seguridad ofrecida por la ley, la seguridad en la que pone el foco el liberalismo del «gobierno de la ley». Porque, si bien ambos comparten una hostilidad hacia el poder concentrado en manos de los gobiernos del mundo, lo cierto es que el liberalismo del miedo exige más. Llama a una tolerancia basada en principios, a una disminución de las desigualdades sociales, y no se limita a la ley para proteger a las personas contra el miedo a una crueldad sin sentido. Está más atento a las condiciones de la libertad, a los arreglos sociales y personales que hacen posible la libertad. El empoderamiento y la educación de jóvenes y mayores, hombres y mujeres, tiene por objetivo convertirlos en ciudadanos autónomos y activos, capaces de defender su integridad más que su individualidad. Golpeados por la propaganda, intimidados por armas de indescriptible potencia y temerosos de un futuro que bien podría ser peor, los individuos tienen tan pocos recursos como siempre para protegerse contra el miedo y la humillación. El liberalismo del miedo tiene en cuenta estas circunstancias para promover en todo momento políticas, prácticas y creencias que disminuyan las fuentes políticas del miedo y nos fortalezcan lo suficiente como para posibilitar que nos respetemos a nosotros mismos y respetemos a los demás, y que aprendamos a discutir con aquellos que difieren de nosotros en lugar de destruirlos.

Es este un temperamento algo utópico, pero no resulta tan difícil imaginar cómo sería una sociedad de personas tolerantes, carentes de miedo y razonablemente optimistas, incluso aunque no esperemos ver nunca una así. Se trataría de una sociedad liberal en la que el gobierno seguiría siendo coercitivo, pero no más de lo que suele considerarse absolutamente necesario, y en la que nadie sería tan pobre como para tener que venderse ni tan rico como para poder comprar a otros. Esta última frase es, por supuesto, de Rousseau, y sirve para vincular el liberalismo del miedo con un *ethos* democrático que requiere una reducción de las desigualdades sociales. Sin embargo, más que de un asunto de derechos, se trata de una visión de las relaciones personales y públicas como exentas de miedo y sospecha y, por tanto, como libres, no de deberes y preocupaciones por los demás, sino de esa presión externa y ese sufrimiento que el miedo a las privaciones nos impone.

Sería erróneo ligar estrechamente el liberalismo del miedo con lo que suele llamarse libertad negativa. Esta expresión se hizo célebre gracias a Isaiah Berlin, quien insistió en que la libertad solo podía consistir en una cosa: en no sufrir la interferencia de otros o, según una formulación posterior, en encontrarse con «puertas abiertas». En contraste con la libertad negativa, Berlin planteó la libertad positiva, con la que hizo referencia a la liberación de nuestro yo superior y racional frente a las ataduras de nuestras pasiones y nuestro yo inferior. Esta libertad no consiste en la independencia frente a las restricciones, sino en el alivio de las cargas del pecado, la irracionalidad y la falsa conciencia. El problema de la libertad positiva es que abusan fácilmente de ella los gobiernos autoritarios y totalitarios que se proponen liberar a sus súbditos obligándolos a vivir de acuerdo con las demandas del yo superior, tal como lo define la ideología dominante. Ahora bien, no existe ninguna idea política que no pueda distorsionarse. La libertad negativa también puede convertirse en un instrumento de destrucción. Si no hacemos nada para crear las condiciones de libertad, habrá muchas posibilidades de que se nos permita hundirnos libremente y sin obstáculos en una enfermedad o una pobreza paralizantes, sin que nadie interfiera o cierre una puerta.[2] Si uno contempla de manera realista la sociedad en términos de sus inevitables desigualdades, resulta claro que los poderosos han de ser refrenados en aras de la libertad de los más desfavorecidos. La clave es siempre cómo lograr que reivindicaciones que chocan entre sí se equilibren de tal manera que se reduzca la intimidación efectiva. Permitir que los fuertes esclavicen libremente a los débiles es un abuso de la libertad negativa tanto como el adoctrinamiento forzado es un abuso de la libertad positiva.

La distinción entre libertad negativa y positiva es particularmente irrelevante para el liberalismo de los derechos, la otra corriente de la tradición liberal que nos queda por abordar aquí. Este es el liberalismo que se ha desarrollado en los Estados Unidos. La filosofía

---

2. Quizá conviene remarcar que la autora se refiere aquí a la «distorsión» del concepto de libertad negativa. Isaiah Berlin, según él mismo, siempre fue «partidario del *New Deal*, del Estado de bienestar», y estuvo «en contra de un *laissez-faire* puro, en contra de reducir al mínimo el papel del Estado» —I. Berlin, *Lo singular y lo plural. Conversaciones con Steven Lukes* (1998), Página Indómita, Barcelona, 2018.

pública de América siempre ha contemplado la realización de los derechos individuales como el objetivo de todas las instituciones legítimas. Desde el principio, los derechos fueron considerados no como instrumentos, sino como la esencia misma de un gobierno justo. Toda la lucha revolucionaria contra Gran Bretaña se expresó en términos de derechos naturales. Además, la incongruencia de la esclavitud en una república constitucional moderna seguía atormentando a la conciencia liberal. Y era un mal que solo podía ser abolido mediante la reafirmación de los derechos inalienables del hombre. Así, hasta la aprobación de la Decimoquinta Enmienda,[3] Estados Unidos no fue una sociedad liberal. Mientras los esclavos se vieron privados de libertad tanto moral como negativa, estuvo en peligro la libertad positiva de todos los estadounidenses, y no se cumplió la promesa de la *Declaración de Independencia*. Para reivindicarla de nuevo se requirió una lucha por los derechos. Finalmente, se combinaron el federalismo y la necesidad de interpretar una constitución escrita, así como las tradicio-

3. La Decimoquinta Enmienda, ratificada en febrero de 1870, estableció que un ciudadano no podía ser privado de su derecho al voto debido a su raza, al color de su piel o al hecho de haber sido previamente un esclavo.

nes del derecho consuetudinario, y se le dio así al poder judicial una posición totalmente única en el sistema político. Como resultado, el liberalismo estadounidense ha estado profundamente marcado por el predominio general del discurso jurídico y por su lenguaje de demandas y contrademandas y de derechos que chocan entre sí. No sorprende, pues, que todos nos tomemos en serio los derechos.

Para profundizar en el asunto, permítanme que comience por la herencia revolucionaria y por la radiante influencia de la *Declaración de Independencia* hasta bien entrado el siglo XIX. Es imposible leer los panfletos de la Revolución estadounidense sin toparse una y otra vez con el nombre y las palabras del «gran Locke». Su doctrina de los derechos naturales proporcionó claramente el marco dentro del cual los habitantes de las Trece Colonias pudieron expresar sus quejas contra Gran Bretaña. Estos hicieron una lectura simple y literal del *Segundo tratado* de John Locke; no eran eruditos embarcados en la deconstrucción de un texto. Y lo que encontraron en sus páginas fue que todos los seres humanos nacían con un derecho natural a la vida, porque Dios los había creado con la intención de que se preservasen a sí mismos y a todos los demás seres humanos. Para ello, necesitaban de la libertad y de la propiedad, para mantenerse y prosperar, tanto física como moralmente. De hecho, la propiedad formaba parte de sus cuerpos, ya que se había adquirido mezclando el esfuerzo físico con los bienes de la tierra. En general, la gente no suponía una amenaza para sus congéneres, pero se producían disputas, y para resolverlas eran necesarios árbitros cuyas sentencias pudiesen ejecutarse. De lo contrario, la disensión aumentaría. Estas necesidades llevaban a los hombres racionales a celebrar un contrato para acatar las decisiones de la mayoría en el establecimiento de leyes básicas, leyes que convertían las posesiones en propiedades legales, definían los delitos y establecían un gobierno cuya competencia estaba estrictamente limitada. A dicho gobierno se le confiaba el poder con el objetivo de que protegiese los derechos naturales a la vida, la libertad y el patrimonio y garantizase la seguridad de los ciudadanos. Y cuando traicionaba esa confianza y no cumplía con sus obligaciones, podía ser derrocado por una mayoría de los ciudadanos.

No es esta una lectura muy sutil de John Locke, pero es la que importaba para los indignados colonos que se enfrentaron a Gran Bretaña. Estos, al igual que lo había sido Locke, eran revolucionarios a la muy vieja usanza. No miraban hacia un futuro mejor o transformado. No eran una profética vanguardia histórica. Se describían a sí mismos como súbditos obedientes, pacientes y sufridos, a quienes los frecuentes y novedosos abusos de poder les habían obligado a reconocer que el Parlamento británico había perdido su confianza; este se había convertido en un simple tirano que había dado la espalda a la Constitución de los ancestros y había pisoteado los derechos naturales del hombre. Dicho Parlamento también había violado sus derechos como ingleses al tratarlos como si fueran inferiores a sus primos de la metrópoli, específicamente al imponerles impuestos sin tener a cambio representación parlamentaria.[4] Sea como fuere, se les había privado de sus derechos y, muy a su pesar, según manifestaban, se veían obligados a rebelarse.

Se ha argumentado de manera muy convincente que Locke dista de ser la única fuente del pensamiento revolucionario americano. Bernard Bailyn y otros

---

4. «No taxation without representation» («Ninguna tributación sin representación») fue uno de los principales lemas de los colonos. Consideraban que, al no estar directamente representados en el Parlamento británico, no debían pagar impuestos, pues estos eran ilegales según la Carta de Derechos británica de 1689.

nos han recordado muy acertadamente que también desempeñaron su papel doctrinas anteriores, que se remontaban a la guerra civil inglesa. Estas ideas republicanas previas impulsaron una preocupación especial por la virtud pública y la corrupción, por la disciplina cívica, así como el miedo a la laxitud y la anarquía de los gobernantes. Ahora bien, esta preocupación no era en ningún caso incompatible con la teoría lockeana de los derechos. Y en Nueva Inglaterra ambas cosas se reforzaron mutuamente. Pensemos en el sermón electoral pronunciado por Samuel Langdon en Cambridge (Massachusetts) en 1775.[5] Abordar la mentalidad de este hombre es como contemplar una excavación arqueológica. En su discurso, se amontonan las referencias puritanas, cívicas y lockeanas. Él está convencido de que los estadounidenses están siendo castigados por su pecaminosa negligencia, y se regocija por la escasez debida a la guerra, que actúa como una ley suntuaria. Los británicos, por supuesto, han pecado más aún, pues se han vuelto paganos y depravados, se han hinchado de corrupción y despótica codicia. También ellos serán castigados como lo fueron

---

5. Samuel Langdon (1723-1797), pastor protestante que fue rector de la Universidad de Harvard.

los judíos cuando tuvieron que exiliarse en Babilonia y como los romanos cuando su Imperio fue destruido. Ahora bien, es posible tomar otro camino. Como ha demostrado Locke, uno puede rebelarse justamente si el poder establecido viola su compromiso, tal como sin duda lo ha violado Gran Bretaña: tenemos derechos naturales que estamos obligados a defender. Finalmente, aunque Langdon teme la anarquía, ve que líderes virtuosos se han reunido en Filadelfia, y reza, no por la victoria, sino por la regeneración.

Me detengo en esta llamativa alocución porque nos ofrece una irrepetible imagen de cómo, en una mentalidad muy típica de Nueva Inglaterra, se combinó la idea de los derechos naturales con las tradiciones del republicanismo virtuoso. Langdon no dudaba de que el gobierno estaba obligado a defender tales derechos naturales, y se vio impulsado a afirmar esa creencia en la rebelión, aunque obviamente era una persona muy respetuosa de la ley, e incluso autoritaria. Él y muchos de sus compañeros colonos se volvieron liberales por la lógica de su situación más que por una inclinación interior.

Nadie ha dicho jamás que James Otis fuera un tipo común, pero resulta de considerable interés para nosotros aquí, porque introdujo algo nuevo en el canon lockeano: la primacía del poder judicial y el peligro de la esclavitud.[6] En su célebre opúsculo de 1764, *The Rights of the Colonies Asserted and Proved (Los derechos de las colonias, reivindicados y demostrados)*, afirmó que se estaban violando no solo los derechos de los colonos ingleses establecidos en América del Norte, sino también los derechos naturales lockeanos. Además, basándose en la autoridad de Lord Coke, quien había sido presidente del Tribunal Supremo británico bajo Jacobo I de Inglaterra, sostuvo de manera crucial que los actos del Parlamento contrarios a la Constitución o a la «equidad natural» eran nulos, y que los tribunales debían «dejar sin efecto tales actos». En realidad, la noción de los derechos albergada por Otis contenía impulsos profundamente radicales y otros profundamente conservadores. El Parlamento únicamente tenía una autoridad fiduciaria derivada del pueblo, y cuando no obedecía las «inmutables y verdaderas» leyes de la naturaleza, la rebelión era un derecho y un deber. Nada podría sonar más radical.

6. James Otis Jr. (1725-1783), abogado, activista político y legislador colonial, fue uno de los primeros partidarios de las reivindicaciones de los colonos de la bahía de Massachusetts al comienzo del periodo revolucionario.

Sin embargo, nunca era necesario llegar a tal extremo, porque allí estaban los tribunales para intervenir previamente, y su tarea, clara, era proteger los privilegios y la inviolabilidad tradicionales de los ingleses frente a toda innovación. Nada ha sonado jamás más conservador. Los derechos podían ir en cualquiera de las dos direcciones.

El visionario opúsculo de Otis contiene una observación aún más significativa. El uso de la palabra «esclavitud» era común en la retórica de la época, tanto en Gran Bretaña como en las colonias, cuando los disidentes radicales acusaban al gobierno de llevar a cabo políticas opresivas, de modo que Otis no decía nada insólito al hacer esa misma acusación. Pero la clave aquí es si la palabra «esclavitud» tenía en las colonias americanas la misma acepción que en Europa. A mi juicio, no era así. En Europa, el término «esclavo» era una metáfora extraída de los anales de la Antigüedad clásica. En América, la esclavitud hacía referencia a una presencia viva. Así, la insistencia de Otis en que «los colonos, *blancos y negros,*[7] nacidos aquí, son súbditos británicos nacidos libres, y, por lo tanto, acreedores de todos los derechos civiles de tales

7. La cursiva es de la autora.

súbditos», revela que, cuando menos, él conocía exactamente el significado de la palabra «esclavitud» en América. Se trata de una institución que contribuyó enormemente a reforzar la pasión por los derechos, tanto en los amos como en los esclavos. A partir de Burke, quienes observaban a los plantadores habrían estado de acuerdo con el comentario hecho en nuestros días por Edmund Morgan, según el cual dichos observadores «probablemente apreciaban de manera especial la libertad tan querida por los republicanos, porque veían a diario cómo era la vida sin ella».[8] Basta con echar un ojo a los discursos pronunciados por los colonos subrepresentados en las zonas occidentales de varios estados en las décadas de 1830 y 1840 para ver el gran papel que desempeñaba la esclavitud en su imaginación. Cada vez que exigían su derecho al voto o una representación equitativa, insistían en que eran como los esclavos si no disfrutaban de todos los derechos de ciudadanía.

Pero ellos no fueron las únicas personas que invocaron los derechos inalienables de la *Declaración de Independencia*. A su debido tiempo, dicha invoca-

8. E. S. Morgan, *American Slavery, American Freedom: The Ordeal of Colonial Virginia*, W. W. Norton & Company, Nueva York, 1975.

ción serviría también a los abolicionistas y a los esclavos liberados. No cabe duda de que la mayoría de los estadounidenses en los estados del Norte no eran abolicionistas. Lincoln ciertamente no lo era, y no pensaba que una mujer negra fuera su igual en todos los aspectos, pero estaba seguro de que «en su derecho a comer el pan que gana con sus propias manos, y hacerlo sin pedir permiso a nadie más, ella es mi igual y la de todos los demás».[9] Sin embargo, nadie habló el lenguaje de los derechos con tanto fervor como lo hizo un esclavo autoliberado: «Ninguna clase de hombres puede, sin insultar su propia naturaleza, aceptar sin más que se le prive de sus derechos», escribió Frederick Douglass.[10] Evidentemente, el espíritu de la *Declaración de Independencia* resuena en

9. Palabras pronunciadas el 26 de junio de 1857, en su discurso sobre el dictamen judicial del caso Dred Scott, un esclavo que había reclamado sin éxito su libertad y la de su esposa y sus dos hijas.

10. Frederick Douglass (1818-1895), reformador social, abolicionista, orador y escritor. Su célebre autobiografía, *A Narrative of the Life of Frederick Douglass, an American Slave* (*Vida de un esclavo americano contada por él mismo*), se convirtió en un *bestseller* ya en el momento de su publicación, en 1845. Las palabras citadas por Shklar provienen de un discurso pronunciado por él en Boston el 26 de enero de 1865.

sus escritos con no menos insistencia que en los de Lincoln.

Pero cabe señalar que el cariz espiritual del abolicionismo estaba, en un aspecto significativo, alejado de Jefferson. Las mujeres y hombres de los que hablamos eran profundamente religiosos. He aquí el típico preámbulo de la constitución de una sociedad antiesclavista de Nueva Jersey: «Sostenemos como evidentes en sí estas verdades: todos los hombres son creados iguales... y creemos que la esclavitud es contraria a los preceptos del cristianismo». Dicho preámbulo termina con una llamada a «obedecer la regla de oro de nuestro Salvador».[11] Estas personas se sentían profundamente implicadas en el pecado de la esclavitud, y buscaban tanto su propia liberación del pecado como el fin de tal esclavitud. De hecho, dos hombres tan diferentes como Lincoln y Thoreau compartían esta sensación de estar implicados contra su voluntad en una institución perversa, a la que de alguna manera había que poner fin. En su opinión, la liberación de los esclavos no consistía únicamente en devolver a

11. En referencia al precepto que se halla, por ejemplo, en Mateo 7:12: «Tratad a los demás tal y como os gustaría que ellos os tratasen a vosotros. Porque así lo enseñan la Ley y los Profetas».

los estadounidenses negros sus derechos inalienables. También era necesario que uno mismo se liberase de la compulsión de vivir bajo leyes inmorales e incluso de beneficiarse indirectamente de ellas.

Me detengo en este punto porque arroja algo de luz sobre la posición que la libertad positiva y la negativa ocupan en el liberalismo de los derechos. No hay conflicto entre ellas, no se oponen la una a la otra. De hecho, son inseparables. Quienes se ven obligados a negar la libertad negativa de los esclavos, y por lo tanto a actuar en contra de su propia conciencia y de su fe religiosa, consideran que están siendo privados de su propia libertad positiva, y que sus propios derechos están siendo violados. Los derechos son compartidos de manera inherente por toda la humanidad, con independencia de que uno piense en ellos en términos cristianos o en términos naturalistas. La prevalencia de la esclavitud impuso una carga de vergüenza y restricción indeseadas a muchas personas que se tomaban en serio las palabras de Jefferson y el *ethos* público de su país. En suma, el liberalismo de los derechos rechaza la separación entre libertad negativa y positiva: la negación de la primera implica la negación de la segunda, razón por la cual la experiencia de la esclavitud y sus consecuencias en nuestro propio siglo han contribuido tan poderosamente al liberalismo estadounidense centrado en los derechos.

Es en general un gran error subestimar la contribución de la religión a este liberalismo de los derechos. Dicha religión ha creado una conciencia que se rebela contra la humillación impuesta a nuestros semejantes. Y la segunda y más significativa dimensión liberal de la vida religiosa ha sido generada por la diversidad de fes que encontramos en los Estados Unidos. La lucha por la libertad religiosa ha dominado el liberalismo de los derechos desde el principio, y no solo en América. No se debe subestimar la importancia que ello tenía tanto para Jefferson como para Madison. Yo diría que, en general, probablemente le importaba más a Madison, porque él se preocupaba de manera genuina por la pureza de la religión, mientras que Jefferson esperaba que esta se convirtiera en un elemento insignificante en nuestras vidas.

En la visión de Madison, el gobierno no debe inmiscuirse en la religión: todos han de poder ser perfectamente sinceros en sus profesiones de fe. Y cabe recordar que, además, él quiso incluir en la Carta de Derechos de los Estados Unidos una cláusula que eximiera a los objetores de conciencia de prestar el servicio militar, pero no pudo convencer al Congreso para que aceptara la idea. En retrospectiva, puede decirse que, si se hubiese aceptado su sugerencia, se les habrían ahorrado muchos problemas no solo a los tribunales sino también a los Congresos posteriores. Sea como fuere, el derecho a practicar el culto que uno elija se basa en la creencia de que la religión misma queda herida sin tal derecho, y que esto causa un profundo daño al espíritu humano. Y para Madison, no todos los derechos tenían ese tipo de primacía. La libertad de prensa era solo un asunto de necesidad política. En una república representativa moderna, resultaba vital que los ciudadanos estuvieran bien informados sobre las actividades de su gobierno, y que pudieran expresar libremente su opinión sobre ellas. No había otra manera de garantizar la rendición de cuentas. Pero el derecho a una prensa libre, por muy importante que sea en estas circunstancias políticas, se deriva de los imperativos de un gobierno libre. No es incondicional en el sentido en el que la tolerancia religiosa lo es para Madison.

Nadie puede dudar de que el del mencionado Madison es un liberalismo de los derechos. Incluso cuando argumentó en contra de una carta de derechos, que su amigo Jefferson quería de inmediato, lo hizo en los términos de la necesidad de garantizar tales derechos: mejor tener unos pocos que realmente puedan hacerse efectivos y no muchos que no puedan garantizarse. Además, él pensaba que tener una carta de derechos que no cubriese todos los posibles abriría la puerta a que estos últimos fuesen despreciados. En este caso, Madison albergaba temores razonables y, al mismo tiempo, una cautela excesiva; sus temores eran razonables porque ahora conocemos las extensas listas de derechos que figuran en las constituciones impresas de algunos de los regímenes más represivos del planeta; y su cautela era excesiva porque los estadounidenses podían, como se ha demostrado, aprender a aceptar las exigencias de una declaración de derechos, aunque nunca ha sido fácil, y ciertamente ello ha distado de ser perfecto. A mi juicio, deberíamos contemplar la Carta de Derechos como una educación política, una no muy diferente de los preámbulos que Platón consideraba necesarios para las leyes en su gran diálogo homónimo, las *Leyes.* El liberalismo de los derechos que surgió en Virginia en el siglo XVIII pretendía tener un efecto educativo, y es justo decir que no se ha tratado de una pretensión inútil. Ello, además, nos recuerda que el liberalismo de los derechos plantea enormes exigencias morales a los ciudadanos. Respetar los derechos del prójimo y extenderlos a todos nuestros semejantes no es fácil ni resulta siempre agradable, como hemos visto en el caso de la esclavitud. Es simplemente lo correcto.

Si la «naturaleza» era más importante para Thomas Jefferson que el «Dios de la naturaleza», no se sigue de ello que él no hiciera nada para promover la libertad religiosa. El derecho inalienable a «la búsqueda de la felicidad» significaba en el siglo XVIII el derecho de las personas a buscar sus fines últimos, en esta vida o en la venidera, aquí en la tierra o en la eternidad. Jefferson tenía fuertes razones psicológicas para pensar que tal derecho era exigido por la estructura misma de la naturaleza humana. Y, como deísta, creía que Dios la había creado así. Somos, cada uno de nosotros, diferentes en nuestro ser mental como lo somos en nuestro ser físico, y creemos lo que debemos creer de acuerdo con ello. Y aunque ciertamente estamos abiertos a la educación, la persuasión y el cambio, es obvio que resulta una violación de nuestra naturaleza el obligarnos a aceptar doctrinas que no nos convencen de sus méritos. El derecho a la felicidad es, pues, coetáneo de los derechos a la vida y la libertad, como una forma de preservar nuestra integridad.

Este esbozo de la historia temprana del liberalismo de los derechos contribuye en gran medida a definir su carácter actual. Somos herederos tanto de una profunda tradición como de los constantes desafíos que esta ha tenido que afrontar. En los años posteriores a la guerra civil, la reivindicación de derechos se hizo principalmente en los tribunales, los cuales fortalecieron la influencia de tales derechos en nuestro discurso político, porque el lenguaje del litigio consiste en derechos y deberes, incluso cuando el resultado es una negación de derechos. Así, el ciudadano-demandante individual sigue siendo el objeto incluso de la legislación general, como ocurre en el caso de las leyes electorales, que sustentan los derechos públicos. Además, estas victorias no fueron obra de planificadores benevolentes, sino de aquellos ciudadanos que formaban parte de minorías agraviadas y que exigieron sus derechos civiles, así como de sus partidarios que plantearon la misma exigencia.

Por último, debemos recordar que durante medio siglo los liberales estadounidenses han tenido que hacer frente a formidables enemigos ideológicos radicados en el extranjero, y han hecho mucho para fortalecer la fe en los derechos humanos. Y a pesar de las reacciones de agentes gubernamentales nerviosos, iliberales y desacertados, que fueron propensos a restringir los derechos de los estadounidenses durante una guerra ideológica, lo cierto es que el liberalismo de los derechos se vio impulsado por la existencia de oponentes nacionales en no menor medida de la que se vio impulsado por la existencia de enemigos extranjeros.

Esta explicación del liberalismo de los derechos sería incompleta si se ignoraran sus muchas debilidades. Aquí quiero mencionar solamente tres críticas surgidas en el interior de la propia tradición liberal. La primera es que el énfasis en los derechos resulta contraproducente porque conduce a una peligrosa expansión de los poderes gubernamentales, algo que tarde o temprano supondrá una amenaza para la libertad. La segunda, una vez más, señala que anteponer los derechos no protege plenamente la libertad, porque imposibilita promulgar y hacer cumplir leyes generales cuyo objetivo es el bien común. Y la tercera crítica observa que parecen no existir principios inherentes al liberalismo de los derechos que le permitan resolver conflictos entre esos derechos.

No se trata, ciertamente, de consideraciones triviales, y surgen sobre todo entre los liberales que recelan del poder o que ponen el foco en la seguridad jurídica para proteger la libertad de los individuos. Comencemos con la acusación de que el liberalismo de los derechos se ve impulsado a fomentar una actividad excesiva por parte de los agentes gubernamentales. A primera vista ello parece paradójico. ¿Acaso los derechos no se inventaron para refrenar a un gobierno imperial y no respaldaron después la idea de que el mejor gobierno es el que gobierna menos? Lo cierto es que la igualdad de derechos consagrada en la *Declaración de Independencia* y en la Carta de Derechos no se hace realidad por sí sola, sobre todo en una sociedad que siempre ha estado comprometida no solo con la libertad política, sino también con la libertad económica. Como resultado, tanto individuos como grupos enteros, especialmente minorías objeto de un estereotipo, han exigido la protección legal de sus derechos y la creación de las condiciones que hagan realidad tales derechos. Ello ha dado lugar a una legislación coercitiva y a decisiones judiciales que tienen por objeto garantizar que los derechos de los excluidos y los débiles no se vean eliminados ni reducidos. La creencia jeffersoniana de que la educación y la libertad misma pronto harían que el gobierno se limitase a reprimir a algún delincuente ocasional y a defender al país contra potencias extranjeras remotas no era sostenible. Y sigue abierta la cuestión de si un gobierno lo suficientemente fuerte como para proteger los derechos humanos es demasiado aterrador y potencialmente arbitrario. La mejor respuesta ha de ser la confianza en la coherencia ideológica y moral. Cabe pensar que los agentes públicos cuya única función es proteger los derechos de los ciudadanos no se verán tentados de abusar de sus legítimos poderes, para crear con tal abuso un régimen iliberal. Por desgracia, no es más que una esperanza.

La segunda preocupación tiene que ver con el hecho de que, en nuestros días, oímos a menudo que la mejor manera de fomentar la libertad es crear leyes generales, bien concebidas y exhaustivas, que definan claramente los deberes de cada ciudadano y así, de manera indirecta, aseguren también la libertad de todos. Ello, lejos de perjudicar los derechos personales, los aseguraría como corolario del cumplimiento de los deberes. Se reducirían las desigualdades, se mejoraría la educación y se alentaría la participación cívica. La legislación general en aras del bien público no reduciría la libertad, sino que la redistribuiría entre quienes ahora no tienen opciones efectivas. En suma, la libertad es un bien público que puede promoverse mejor mediante políticas públicas coherentes, no mediante una lucha por los derechos individuales. Muchos «comunitaristas» contemporáneos han señalado que ellos no se oponen en absoluto a la libertad personal, sino que, por el contrario, son sus defensores más coherentes. Sostienen que, al buscar principios y directrices compartidos en lugar de un tira y afloja entre demandantes que se guían por el interés personal, hacen más por la libertad que los defensores de los derechos. En teoría, se trata de un argumento muy convincente, pero tanto el liberalismo del desarrollo personal como el liberalismo de los derechos lo contemplan con justificada sospecha. El primero recela de la presión de la comunidad y del peso de las convenciones que, incluso en nombre de la libertad, podrían aplastar la expresión de una individualidad atípica. Al segundo le preocupan, y no sin razón, las mayorías políticas que podrían verse tentadas de obligarnos a ser libres, instruyéndonos demasiado enérgicamente en nuestros deberes, sea cual fuere la justificación. Los procedimientos para proteger al individuo podrían verse amenazados, y los instrumentos de la educación pública podrían resultar abrumadores. Dejemos que los agraviados hagan sus reivindicaciones por sí mismos.

Por último, una tercera crítica hace referencia a una debilidad tanto de la teoría como de la práctica del liberalismo de los derechos: la ausencia de estándares para resolver los conflictos entre tales derechos. Mientras se consideró que los derechos eran evidentes en sí mismos, se supuso que siempre habría una solución racional para los conflictos entre las distintas reivindicaciones; para ello, había que remitirse a una ley superior. Pero, dado que hemos abandonado a Dios y la naturaleza como fuentes plausibles de los derechos, ya no podemos encontrar con facilidad reglas absolutamente irrefutables que nos orienten a la hora de elegir entre estos derechos. Puesto que lo único que se da por sentado es la preferencia universal por la vida y cierta noción de la dignidad humana, no está nada claro cómo elegir entre reivindicaciones que en apariencia son igualmente válidas. ¿Qué es más importante, el derecho a un juicio justo o los derechos de una prensa libre? ¿La libertad de expresión de los incitadores al odio debe prevalecer sobre el peligro potencial que representan para su víctima y el miedo paralizante que le causan, lo cual ciertamente perjudica el derecho de esa persona a buscar su propia felicidad? ¿Es la libertad religiosa de los padres más importante que la vida de un niño que necesita tratamiento médico inmediato, no rezos? No hay nada en el propio liberalismo de los derechos que ofrezca una respuesta a estas dificultades que surgen dentro de su propia órbita.

Se ha argumentado que siempre es posible encontrar la respuesta, porque podemos deducirla de los principios básicos de la *Declaración de Independencia* y de la Constitución. Pero lo cierto es que siempre se puede deducir de ellos también la respuesta contraria, con el mismo rigor lógico. No existe una respuesta irrefutable, por mucho que confiemos en que los tribunales y nuestro propio sentido común de carácter político nos ayudarán a vencer estas dificultades. Y las demás corrientes de la tradición liberal tampoco serán aquí de mucha ayuda. Frente a estas incertidumbres, el liberalismo de los derechos solo puede afirmar que la idea de una humanidad común implica tratar con equidad todas las reclamaciones individuales, y que esta justicia define el bien público. Y, ciertamente, el liberalismo de los derechos siempre ha conllevado un fuerte sentido de la justicia. Pero incluso los justos pueden tener dificultades para elegir entre distintos derechos.

Llego así al término de este superficial recorrido por la tradición liberal. Mi propósito aquí ha sido mostrar su rica variedad. Hay mucho más que decir al respecto, especialmente sobre los derechos, y espero que otros continúen la tarea, porque se trata sin lugar a dudas de un asunto que les concierne enormemente no solo a ustedes, sino a todos los ciudadanos serios.

BIBLIOGRAFÍA:
OBRAS DE JUDITH N. SHKLAR

O<small>BRAS PUBLICADAS ORIGINALMENTE EN VIDA</small>
<small>DE LA AUTORA</small>

After Utopia: The Decline of Political Faith, Princeton
University Press, Princeton (Nueva Jersey), 1957 [hay
trad. cast. de Amaya Bozal Chamorro: *Después de la
utopía. El declive de la fe política,* Antonio Machado Li-
bros, Madrid, 2020].

Legalism: An Essay on Law, Morals and Political Trials, Harvard University Press, Cambridge (Massachusetts), 1964
[hay trad. cast. de Horacio Pons: *Legalismo. Derecho,
moral y juicios políticos,* Clave Intelectual, Madrid, 2021].

Men and Citizens: A Study of Rousseau's Social Theory,
Cambridge University Press, Cambridge, 1969.

*Freedom and Independence: A Study of the Political Ideas
of Hegel's "Phenomenology of Mind",* Cambridge University Press, Cambridge, 1976.

Ordinary Vices, Belknap Press of Harvard University Press, Cambridge (Massachusetts), 1984 [hay trad. cast. de Roberto Ramos Fontecoba: *Los vicios ordinarios,* Página Indómita, Barcelona, 2021].

Montesquieu, Oxford University Press, Oxford, 1987.

The Faces of Injustice, Yale University Press, New Haven (Connecticut), 1990 [hay trad. cast. de Alicia García Ruiz: *Los rostros de la injusticia,* Herder, Barcelona, 2010].

American Citizenship: The Quest for Inclusion, Harvard University Press, Cambridge (Massachusetts), 1991.

OBRAS PÓSTUMAS

Political Thought and Political Thinkers, ed. Stanley Hoffmann, University of Chicago Press, Chicago, 1998.

Redeeming American Political Thought, ed. Stanley Hoffmann, University of Chicago Press, Chicago, 1998.

On Political Obligation, ed. Samantha Ashenden y Andreas Hess, Yale University Press, New Haven (Connecticut), 2019 [hay trad. cast. de Ricardo García Pérez: *Sobre la obligación política,* Herder, Barcelona, 2021].

CRONOLOGÍA

1928. Judith N. Shklar nace el 24 de septiembre en Riga, capital de Letonia, en el seno de una familia de origen judío y cultura alemana.

1939-1941. La familia huye del país y, tras pasar por Suecia, Japón y los Estados Unidos, se establece en Montreal (Canadá).

1945. Comienza a estudiar Filosofía en la Universidad McGill (Montreal). Conoce a quien se convertirá en su marido, Gerald Shklar, con el que tendrá tres hijos (David, Michael y Ruth).

1950. Obtiene el doctorado en Filosofía por la Universidad de Harvard y se convierte en miembro de la Facultad, en la que desarrollará toda su carrera académica. Su mentor es el teórico político Carl Joachim Friedrich, célebre por sus estudios sobre el totalitarismo.

1950-1956. Experimenta el impacto del macartismo en Harvard.

1957. Publica su opera prima, *After Utopia: The Decline of Political Faith* (Princeton UP).

1964. Ve la luz su segunda obra, *Legalism: An Essay on Law, Morals and Politics* (Harvard UP).

1966. Edita el volumen *Political Theory and Ideology* (Macmillan).

1969. Publica *Men and Citizens: A Study of Rousseau's Social Theory* (Cambridge UP).

1971. Se convierte en la primera mujer en ocupar una plaza en el Departamento de Gobierno de la Universidad de Harvard.

1976. Publica *Freedom and Independence: A Study of the Political Ideas of Hegel's "Phenomenology of Mind"* (Cambridge UP).

1980. Es elegida para ocupar la plaza John Cowles Professor of Government.

1983. Profesora invitada en el All Souls College, de la Universidad de Oxford, y en la Universidad de Cambridge, como Pitt Professor of American History and Institutions.

1984. Ve la luz la que se considera su obra maestra: *Ordinary Vices* (Harvard UP). Se convierte en presidenta de la American Society for Legal and Political Philosophy y recibe la MacArthur Foundation Fellowship.

1986. Segunda estancia como profesora invitada en el All Souls College, de la Universidad de Oxford.

1987. Publica *Montesquieu* (Oxford UP).

1989. Se convierte en la primera mujer que preside la American Political Science Association.

1990. Publica *The Faces of Injustice* (Yale UP).

1991. Ve la luz *American Citizenship: The Quest for Inclusion* (Harvard UP).

1992. Fallece el 17 de septiembre, a los 63 años, a causa de un ataque al corazón.

ÍNDICE ONOMÁSTICO

ESTA PRIMERA EDICIÓN

DE «LOS DERECHOS EN LA TRADICIÓN LIBERAL»,

DE JUDITH N. SHKLAR,

SE TERMINÓ DE IMPRIMIR EN BARCELONA

EN EL MES DE FEBRERO

DE 2024

TÍTULOS PUBLICADOS